나타샤와 흰당나귀

국립중앙도서관 출판시도서목록(CIP)

나타샤와 흰당나귀 / 지은이: 백 석. -- 양평군 : 시인생각, 2013
   p. ;   cm. -- (한국대표명시선100)

ISBN 978-89-98047-72-6 03810 : ₩6000

"백 석 연보" 수록
한국시[韓國詩]

811.61-KDC5
895.713-DDC21   CIP2013012179

한 국 대 표
명　　시　　선
1　　0　　0

백　　　석

나타샤와 흰당나귀

시인생각

■ 차 례 ──────────── 나타샤와 흰당나귀

1

여승　11
남신의주南新義州 유동柳洞 박시봉방朴時逢方　12
가즈랑집　14
주막酒幕　17
나와 나타샤와 흰당나귀　18
흰 바람벽이 있어　20
여우난골　22
여우난골족族　23
북방에서 ―정현웅鄭玄雄에게　26
마을은 맨천 귀신이 돼서　28
내가 생각하는 것은　30

한국대표명시선100 백 석

2

박각시 오는 저녁　33
탕약湯藥　34
노루 —함주시초咸州詩抄 2　35
선우사膳友辭 —함주시초咸州詩抄 4　36
모닥불　38
오리 망아지 토끼　39
개　40
국수　41
연자간　44
적경寂境　45
고야古夜　46

3

절간의 소 이야기　51

북신 —서행시초西行詩抄 2　52

팔원八院 —서행시초西行詩抄 3　53

추야일경秋夜一景　54

내가 이렇게 외면하고　55

외갓집　56

고방　57

칠월七月 백중　58

오금덩이라는 곳　60

동뇨부童尿賦　61

북관　62

4

고향 65
성외城外 66
적막강산 67
정주성定州城 68
통영統營 69
통영—남행시초南行詩抄 2 70
삼천포三千浦 —남행시초南行詩抄 4 71
멧새 소리 72
머루밤 73
청시青柿 74
쓸쓸한 길 75

5
비　79

산비　80

절망　81

수라修羅　82

목구木具　84

석양　86

바다　87

산지山地　88

추일산조秋日山朝　90

백화白樺　91

백석 연보　92

1

여승

여승은 합장하고 절을 했다
가지취*의 내음새가 났다
쓸쓸한 낯이 옛날같이 늙었다
나는 불경佛經처럼 서러워졌다

평안도의 어늬 산 깊은 금점판*
나는 파리한 여인에게서 옥수수를 샀다
여인은 나어린 딸아이를 때리며 가을밤같이 차게 울었다

섶벌*같이 나아간 지아비 기다려 십년이 갔다
지아비는 돌아오지 않고
어린 딸은 도라지꽃이 좋아 돌무덤으로 갔다

산꿩도 설게 울은 슬픈 날이 있었다
산절의 마당귀에 야인의 머리오리가 눈물방울과 같이 떨어진 날이 있었다

*) 가지취 : 참취나물.
*) 금점판 : 금점金店판. 금광의 일터.
*) 섶벌 : 울타리 옆에 놓아 치는 벌통에서 꿀을 따 모으려고 드나드는 재래종 꿀벌.

남신의주南新義州 유동柳洞 박시봉방朴時逢方

어느 사이 아는 아내도 없고, 또,
아내와 같이 살던 집도 없어지고,
그리고 살뜰한 부모며 동생들과도 멀리 떨어져서,
그 어느 바람 세인 쓸쓸한 거리 끝에 헤매이었다.
바로 날도 저물어서,
바람은 더욱 세게 불고, 추위는 점점 더해 오는데,
나는 어느 목수네 집 헌 샅을 깐,
한 방에 들어서 쥔을 붙이었다.
이리하여 나는 이 습내 나는 춥고, 누굿한 방에서,
낮이나 밤이나 나는 나 혼자라도 너무 많은 것같이 생각하며,
질웅배기에 북덕불이라도 담겨오면,
이것을 안고 손을 쬐며 재 우에 뜻없이 글자를 쓰기도 하며,
또 문 밖에 나가지도 않고 자리에 누워서,
머리에 손깍지베개를 하고 굴기도 하면서,
나는 내 슬픔이며 어리석음이며를 소처럼 연하여 새김질 하는 것이었다.
내 가슴이 꽉 메어 올 적이며,
내 눈에 뜨거운 것이 핑 괴일 적이며,
또 내 스스로 화끈 낯이 붉도록 부끄러울 적이며,
나는 내 슬픔과 어리석음에 눌리어 죽을 수밖에 없는 것

을 느끼는 것이었다.
 그러나 잠시 뒤에 나는 고개를 들어,
 허연 문창을 바라보든가 또 눈을 떠서 높은 천정을 쳐다보는 것인데,
 이 때 나는 내 뜻이며 힘으로, 나를 이끌어 가는 것이 힘든 일인 것을 생각하고,
 이것들보다 더 크고, 높은 것이 있어서, 나를 마음대로 굴려 가는 것을 생각하는 것인데,
 이렇게 하여 여러 날이 지나는 동안에,
 내 어지러운 마음에는 슬픔이며, 한탄이며, 가라앉을 것은 차츰 앙금이 되어 가라앉고,
 외로운 생각만이 드는 때쯤 해서는,
 더러 나줏손에 쌀랑쌀랑 싸락눈이 와서 문창을 치기도 하는 때도 있는데,
 나는 이런 저녁에는 화로를 더욱 다가 끼며, 무릎을 꿇어 보며,
 어느 먼 산 뒷옆에 바위 섶에 따로 외로이 서서,
 어두워 오는데 하이야니 눈을 맞을, 그 마른 잎새에는,
 쌀랑쌀랑 소리도 나며 눈을 맞을,
 그 드물다는 굳고 정한 갈매나무라는 나무를 생각하는 것이었다.

가즈랑집

승냥이가 새끼를 치는 전에는 쇠메 든 도적이 났다는 가즈랑고개

가즈랑집은 고개 밑의
산 너머 마을서 도야지를 잃는 밤 짐승을 쫓는 깽제미*
소리가 무서웁게 들려오는 집
닭 개 짐승을 못 놓는
멧도야지와 이웃사촌을 지나는 집

예순이 넘은 아들 없는 가즈랑집 할머니는 중같이 정해서 할머니가 마을을 가면 긴 담뱃대에 독하다는 막써레기를 몇 대라도 붙이라고 하며

간밤엔 섬돌 아래 승냥이가 왔었다는 이야기
어느메 산골에선간 곰이 아이를 본다는 이야기

나는 돌나물김치에 백설기를 먹으며
옛말의 구신 집에 있는 듯이

가즈랑집 할머니

내가 날 때 죽은 누이도 날 때
무명필에 이름을 써서 백지 달아서 구신간 시렁의 당즈깨*에 넣어 대감님께 수영을 들였다는 가즈랑집 할머니
언제나 병을 앓을 때면
신장님 단련이라고 하는 가즈랑집 할머니
구신의 딸이라고 생각하면 슬퍼졌다

토끼도 살이 오른다는 때 아르대 즘퍼리*에서 제비꼬리 마타리 쇠조지 가지취 고비 고사리 두릅순 회순 산나물을 하는 가즈랑집 할머니를 따르며
나는 벌써 다디단 물구지우림 둥글레우림을 생각하고
아직 멀은 도토리묵 도토리범벅까지도 그리워한다

뒤울안 살구나무 아래서 광살구를 찾다가
살구벼락을 맞고 울다가 웃는 나를 보고
밑구멍에 털이 몇 자나 났나 보자고 한 것은 가즈랑집 할머니다

찰복숭아를 먹다가 씨를 삼키고는 죽는 것만 같아 하루종일 놀지도 못하고 밥도 안 먹은 것도

가즈랑집에 마을을 가서
당수 먹은 강아지같이 좋아라고 집오래*를 설레다가였다

*) 깽제미 : 꽹과리
*) 당즈깨 : 고리짝
*) 아르대 즘퍼리 : 아래쪽 질퍽한 벌
*) 집오래 : 집주변

주막酒幕

호박잎에 싸오는 붕어곰은 언제나 맛있었다

부엌에는 빨갛게 길들은 팔八모알상이 그 상 위엔 새파란 싸리를 그린 눈알만한 잔이 뵈었다

아들아이는 범이라고 장고기를 잘 잡는 앞니가 뻐드러진 나와 동갑이었다

울파주* 밖에는 장꾼들을 따라와서 엄지의 젖을 빠는 망아지도 있었다

*) 울파주 : 대, 갈대, 싸리 따위로 엮어 만든 울타리.

나와 나타샤와 흰당나귀

가난한 내가
아름다운 나타샤를 사랑해서
오늘밤은 푹푹 눈이 내린다

나타샤를 사랑은 하고
눈은 푹푹 내리고
나는 혼자 쓸쓸히 앉어 소주를 마신다
소주를 마시면서 생각한다
나타샤와 나는
눈이 푹푹 쌓이는 밤 흰당나귀를 타고
산골로 가자 출출이 우는 깊은 산골로 가 마가리*에 살자

눈은 푹푹 내리고
나는 나타샤를 생각하고
나타샤가 아니 올 리 없다
언제 벌써 내 속에 고조곤히 와 이야기한다
산골로 가는 것은 세상한테 지는 것이 아니다
세상 같은 건 더러워 버리는 것이다

눈은 푹푹 내리고

아름다운 나타샤는 나를 사랑하고 어데서 흰당나귀도 오늘밤이 좋아서 응앙응앙 울을 것이다

*) 마가리 : 오막살이.

흰 바람벽이 있어

오늘 저녁 이 좁다란 방의 흰 바람벽에
어쩐지 쓸쓸한 것만이 오고 간다
이 흰 바람벽에
희미한 십오 촉 전등이 지치운 불빛을 내어던지고
때글은 다 낡은 무명셔츠가 어두운 그림자를 쉬이고
그리고 또 다디단 따끈한 감주나 한잔 먹고 싶다고 생각하는 내 가지가지 외로운 생각이 헤매인다
그런데 이것은 또 어인 일인가
이 흰 바람벽에
내 가난한 늙은 어머니가 있다
내 가난한 늙은 어머니가
이렇게 시퍼러둥둥하니 추운 날인데 차디찬 물에 손은 담그고 무이며 배추를 씻고 있다
또 내 사랑하는 사람이 있다
내 사랑하는 어여쁜 사람이
어느 먼 앞대 조용한 개포가의 나즈막한 집에서
그의 지아비와 마주 앉아 대굿국을 끓여놓고 저녁을 먹는다
벌써 어린것도 생겨서 옆에 끼고 저녁을 먹는다
그런데 또 이즈막하야 어느 사이엔가

이 흰 바람벽엔
내 쓸쓸한 얼굴을 쳐다보며
이러한 글자들이 지나간다
―나는 이 세상에서 가난하고 외롭고 높고 쓸쓸하니 살어가도록 태어났다
그리고 이 세상을 살아가는데
내 가슴은 너무도 많이 뜨거운 것으로 호젓한 것으로 사랑으로 슬픔으로 가득찬다
그리고 이번에는 나를 위로하는 듯이 나를 울력하는 듯이
눈질을 하며 주먹질을 하며 이런 글자들이 지나간다
―하늘이 이 세상을 내일 적에 그가 가장 귀해하고 사랑하는 것들은 모두
가난하고 외롭고 높고 쓸쓸하니 그리고 언제나 넘치는 사랑과 슬픔 속에 살도록 만드신 것이다
초생달과 바구지꽃과 짝새와 당나귀가 그러하듯이
그리고 또 '프랑시스 잠'과 도연명과 '라이너 마리아 릴케'가 그러하듯이

여우난골

박을 삶는 집
할아버지와 손자가 오른 지붕 위에 하늘빛이 진초록이다
우물의 물이 쓸 것만 같다

마을에서는 삼굿을 하는 날
건넛마을서 사람이 물에 빠져 죽었다는 소문이 왔다

노란 싸릿잎이 한벌 깔린 토방에 햇츩방석을 깔고
나는 호박떡을 맛있게도 먹었다

어치라는 산새는 벌배* 먹어 고읍다는 골에서 돌배 먹고
아픈 배를 아이들은 띨배* 먹고 나았다고 하였다

*) 벌배 : 벌레 먹은 배.
*) 띨배 : 산사나무 열배.

여우난골족族

  명절날 나는 엄매 아배 따라 우리 집 개는 나를 따라 진할머니 진할아버지가 있는 큰집으로 가면

  얼굴에 별 자국이 솜솜 난 말수와 같이* 눈도 껌적거리는 하루에 베 한 필을 짠다는 벌 하나 건너 집엔 복숭아나무가 많은 신리新里 고모 고모의 딸 이녀李女 작은 이녀
  열여섯에 사십이 넘은 홀아비의 후처가 된 포족족하니 성이 잘 나는 살빛이 매감탕* 같은 입술과 젖꼭지는 더 까만 예수쟁이 마을 가까이 사는 토산土山 고모 고모의 딸 승녀承女 아들 승承동이
  육십 리라고 해서 파랗게 보이는 산을 넘어 있다는 해변에서 과부가 된 코끝이 빨간 언제나 흰옷이 정하든 말끝에 섧게 눈물을 짤 때가 많은 큰골 고모 고모의 딸 홍녀洪女 아들 홍洪동이 작은 홍동이
  배나무 접을 잘 하는 주정을 하면 토방돌을 뽑는 오리치* 를 잘 놓는 먼섬에 반디젓 담그러 가기를 좋아하는 삼촌 삼촌 엄매 사촌 누이 사촌 동생들

  이 그득히들 할머니 할아버지가 있는 안간에들 모여서 방안에서는 새 옷의 내음새가 나고

또 인절미 송기떡 콩가루찰떡의 내음새도 나고 끼때의 두부와 콩나물과 볶은 잔대와 고사리와 도야지비계는 모두 선득선득하니 찬 것들이다

저녁술을 놓은 아이들은 외양간 옆 밭마당에 달린 배나무 동산에서 쥐잡이를 하고 숨굴막질을 하고 꼬리잡이를 하고 가마 타고 시집가는 놀음 말 타고 장가가는 놀음을 하고 이렇게 밤이 어둡도록 북적하니 논다

밤이 깊어가는 집안엔 엄매는 엄매들끼리 아랫간에서들 웃고 이야기하고 아이들은 아이들끼리 윗간 한 방을 잡고 조아질하고 쌈방이 굴리고 바리깨돌림하고 호박떼기하고 제비손이구손이 하고 이렇게 화대의 사기방등에 심지를 몇 번이나 돋우고 홍게닭이 몇 번이나 울어서 졸음이 오면 아랫목싸움 자리싸움을 하며 히드득거리다 잠이 든다 그래서는 문창에 텅납새*의 그림자가 치는 아침 시누이 동서들이 욱적하니 흥성거리는 부엌으론 샛문 틈으로 장지 문틈으로 무이징게국*을 끓이는 맛있는 내음새가 올라오도록 잔다

*) 말수와 같이 : 말할 때마다.
*) 매감탕 : 엿을 고아낸 솥을 가셔낸 물. 혹은 메주를 쑤어낸 솥에 남아 있는 진한 갈색의 물.
*) 오리치 : 평북지방의 사냥용구로 동그란 갈고리 모양으로 된 야생오리를 잡는 도구.
*) 텅납새 : 추녀. 처마의 안 쪽 지붕이 도리에 얹힌 부분.
*) 무이징게국 : 징거미(민물새우)에 무를 숭덩숭덩 썰어 넣고 끓인 국.

북방에서
— 정현웅鄭玄雄에게

아득한 옛날에 나는 떠났다
부여夫餘를 숙신肅愼을 발해渤海를 여진女眞을 요遼를 금金을,
흥안령興安嶺을 음산陰山을 아무우르를 숭가리를
　범과 사슴과 너구리를 배반하고
　송어와 메기와 개구리를 속이고 나는 떠났다

나는 그때
자작나무와 이깔나무의 슬퍼하든 것을 기억한다
갈대와 장풍의 붙들던 말도 잊지 않았다
오로촌이 멧돝을 잡어 나를 잔치해 보내던 것도
쏠론이 십리 길을 따라 나와 울든 것도 잊지 않았다

나는 그때
아무 이기지 못할 슬픔도 시름도 없이
다만 게을리 먼 앞대로 떠나 나왔다
그리하여 따사한 햇귀에서 하이얀 옷을 입고 매끄러운
밥을 먹고 단샘을 마시고 낮잠을 잤다
밤에는 먼 개소리에 놀라나고
아침에는 지나가는 사람마다에게 절을 하면서도
나는 나의 부끄러움을 알지 못했다

그동안 돌비는 깨어지고 많은 금은보화는 땅에 묻히고 가마귀도 긴 족보를 이루었는데
　이리하여 또 한 아득한 새 옛날이 비롯하는 때
　이제는 참으로 이기지 못할 슬픔과 시름에 쫓겨
　나는 나의 옛 한울로 땅으로―나의 태반으로 돌아왔으나

　이미 해는 늙고 달은 파리하고 바람은 미치고 보래구름만 혼자 넋 없이 떠도는데

　아, 나의 조상은 형제는 일가친척은 정다운 이웃은 그리운 것은 사랑하는 것은 우러르는 것은 나의 자랑은 나의 힘은 없다 바람과 물과 세월과 같이 지나가고 없다

마을은 맨천 귀신이 돼서

나는 이 마을에 태어나기가 잘못이다
마을은 맨천 귀신이 돼서
나는 무서워 오력을 펼 수 없다
자 방안에는 성주님
나는 성주님이 무서워 토방으로 나오면 토방에는 지운귀신
나는 무서워 부엌으로 들어가면 부엌에는 부뚜막에 조왕님

 나는 뛰쳐나와 얼른 고방으로 숨어 버리면 고방에는 또 시렁에 제석님
 나는 이번에는 굴통 모퉁이로 달아 가는데 굴통에는 굴때장군
 얼혼이 나서 뒤울안으로 가면 뒤울안에는 곱새녕 아래 철륭귀신
 나는 이제는 할 수 없이 대문을 열고 나가려는데
 대문간에는 근력 세인 수문장

 나는 겨우 대문을 삐쳐나 바깥으로 나와서
 밭 마당귀 연자간 앞을 지나가는데 연자간에는 또 연자망귀신

나는 고만 기겁을 하여 큰 행길로 나서서 마음 놓고 화리
서리 걸어가다 보니
 아아 말 마라 내 발뒤축에는 오나가나 묻어 다니는 달걀
귀신
 마을은 온 데 간 데 귀신이 돼서 나는 아무데도 갈 수 없다

내가 생각하는 것은

밝은 봄철날 따지기*의 누긋하니 푹석한 밤이다
거리에는 사람도 많이 나서 흥성흥성할 것이다
어쩐지 이 사람들과 친하니 싸다니고 싶은 밤이다

그렇건만 나는 하이얀 자리 위에서 마른 팔뚝의
새파란 핏대를 바라보며 나는 가난한 아버지를
가진 것과 내가 오래 그려오던 처녀가 시집을 간 것과
그렇게도 살뜰하던 동무가 나를 버린 일을 생각한다

또 내가 아는 그 몸이 성하고 돈도 있는 사람들이
즐거이 술을 먹으러 다닐 것과
내 손에는 신간서 하나도 없는 것과
그리고 그 <아서라 세상사>라도 들을
유성기도 없는 것을 생각한다

그리고 이러한 생각이 내 눈가를 내 가슴가를
뜨겁게 하는 것도 생각한다

*) 따지기 : 얼었던 흙이 풀리기 시작하는 초봄 무렵.

2

박각시 오는 저녁

당콩밥에 가지 냉국의 저녁을 먹고 나서
바가지꽃 하이얀 지붕에 박각시 주락시 붕붕 날아오면
집은 안팎 문을 횅하니 열젖기고
인간들은 모두 뒷등성으로 올라 멍석자리를 하고 바람을 쏘이는데
풀밭에는 어느새 하이얀 대림질감들이 한불 널리고
도루래며 팥중이 산 옆이 들썩하니 울어댄다.
이리하여 하늘에 별이 잔콩 마당 같고
강낭 밭에 이슬이 비 오듯 하는 밤이 된다.

탕약湯藥

눈이 오는데
토방에서는 질화로 위에 곱돌탕관에 약이 끓는다
삼에 숙변에 목단에 백복령에 산약에 택사의 몸을 보한다는 육미탕六味湯이다
약탕관에서는 김이 오르며 달큼한 구수한 향기로운 내음새가 나고
약이 끓는 소리는 삐삐 즐거웁기도 하다

그리고 다 달인 약을 하이얀 약사발에 받아놓은 것은
아득하니 깜하여 만년 옛적이 들은 듯한데
나는 두 손으로 고이 약그릇을 들고 이 약을 내인 옛사람들을 생각하노라면
내 마음은 끝없이 고요하고 맑아진다

노루
― 함주시초咸州詩抄 2

장진長津 땅이 지붕 넘에 넘석하는* 거리다
자귀나무 같은 것도 있다
기장감주에 기장찰떡이 흔한 데다
이 거리에 산골사람이 노루 새끼를 데리고 왔다

산골 사람은 막베 등거리 막베 잠방둥에를 입고
노루 새끼를 닮았다
노루 새끼 등을 쓸며
터 앞에 당콩 순을 다 먹었다 하고
서른닷 냥 값을 부른다
노루 새끼는 다문다문 흰 점이 백이고 배안의 털을 너슬너슬 벗고
산골 사람을 닮았다

산골 사람의 손을 핥으며
약자에 쓴다는 흥정 소리를 듣는 듯이
새까만 눈에 하이얀 것이 가랑가랑한다.

*) 넘석하는 : 힘을 들이지 않고 갈 만큼 가까운.

선우사膳友辭
— 함주시초咸州詩抄 4

낡은 나조반*에 흰밥도 가자미도 나도 나와 앉아서
쓸쓸한 저녁을 맞는다

흰밥과 가자미와 나는
우리들은 그 무슨 이야기라도 다 할 것 같다
우리들은 서로 미덥고 정답고 그리고 서로 좋구나

 우리들은 맑은 물밑 해정한 모래톱에서 하루 긴 날을 모래알만 헤이며 잔뼈가 굵은 탓이다
 바람 좋은 한 벌판에서 물닭이 소리를 들으며 단이슬 먹고 나이들은 탓이다
 외따른 산골에서 소리개소리 배우며 다람쥐 동무하고 자라난 탓이다

우리들은 모두 욕심이 없어 희어졌다
착하디착해서 세관은* 가시 하나 손아귀 하나 없다
너무나 정갈해서 이렇게 파리했다

우리들은 가난해도 서럽지 않다
우리들은 외로워할 까닭도 없다

그리고 누구 하나 부럽지도 않다

흰밥과 가자미와 나는
우리들이 같이 있으면
세상 같은 건 밖에 나도 좋을 것 같다

*) 나조반 : 갈대를 잘라 묶어 기름을 부어 만든 초처럼 불을
　　　　　 켜는 나좃대를 받치는 쟁반
*) 세과슨 : 억센

모닥불

새끼오리도 헌신짝도 소똥도 갓신창도 개니빠디도 너울쪽도 짚검불도 가랑잎도 머리카락도 헝겊조각도 막대꼬치도 기왓장도 닭의 깃도 개 터럭도 타는 모닥불

재당도 초시도 문장門長늙은이도 더부살이 아이도 새사위도 갓사돈도 나그네도 주인도 할아버지도 손자도 붓장수도 땜장이도 큰개도 강아지도 모두 모닥불을 쪼인다

모닥불은 어려서 우리 할아버지가 어미아비 없는 서러운 아이로 불쌍하니도 몽동발이*가 된 슬픈 역사가 있다

*) 몽동발이 : 딸려 있던 것이 다 떨어지고 몸뚱이만 남아 있는 물건.

오리 망아지 토끼

오리치를 놓으러 아배는 논으로 내려간 지 오래다
오리는 동비탈에 그림자를 떨어트리며 날아가고 나는 동말랭이*에서 강아지처럼 아배를 부르다 울다가
시악이 나서는 등뒤 개울물에 아배의 신짝과 버선목과 대님오리를 모두 던져버린다

장날 아침에 앞 행길로 엄지 따려 지나가는 망아지를 내라고 나는 조르면 아배는 행길을 향해서 커다란 목소리로
—매지*야 오너라
—매지야 오너라

새하러* 가는 아배의 지게에 치워 나는 산으로 가며 토끼를 잡으리라고 생각한다
맞구멍 난 토끼 굴을 아배와 내가 막아서면 언제나 토끼새끼는 내 다리 아래로 달아났다
나는 서글퍼서 서글퍼서 울상을 한다

*) 동말랭이 : 논에 물이 흘러 들어가는 도랑의 뚝
*) 매지 : 망아지
*) 새하러 : 땔나무를 장만하러

개

접시 귀에 소기름이나 소뿔등잔에 아즈까리기름을 켜는 마을에서는

겨울밤 개 짖는 소리가 반가웁다.

이 무서운 밤을 아래윗방성 마을 돌아다니는 사람은 있어 개는 짖는다.

낮배* 어느메 치코*에 꿩이라도 걸려서 산 너머 국숫집에 국수를 받으려 가는 사람이 있어도 개는 짖는다.

김치 가재미선 동치미가 유별히 맛나게 익는 밤

아배가 밤참 국수를 받으려 가면 나는 큰마니*의 돋보기를 쓰고 앉어 개 짖는 소리를 들은 것이다.

*) 낮배 : 낮에
*) 치코 : 올가미
*) 큰마니 : 할머니

국수

눈이 와서
산엣새가 벌로 나려 멕이고
눈구덩이에 토끼가 더러 빠지기도 하면
마을에는 그 무슨 반가운 것이 오는가보다
한가한 애동들은 어둡도록 꿩 사냥을 하고
가난한 엄매는 밤중에 김치 가재미로 가고
마을은 구수한 즐거움에 싸서 은근하니 흥성흥성 들뜨게 하며
이것은 오는 것이다.
이것은 어느 양지귀 혹은 능달쪽 외따른 산옆 은댕이* 예데가리밭*에서
하룻밤 뽀오얀 흰김 속에 접시귀 소기름불이 뿌우현 부엌에
산멍에* 같은 분틀을 타고 오는 것이다
이것은 아득한 옛날 한가하고 즐겁던 세월로부터
실 같은 봄비 속을 타는 듯한 여름별 속을 지나서 들쿠레한 구시월 갈바람 속을 지나서
대대로 나며 죽으며 죽으며 나며 하는 이 마을 사람들의 의젓한 마음을 지나서 텁텁한 꿈을 지나서

지붕에 마당에 우물든덩에 함박눈이 푹푹 쌓이는 여느 하룻밤
 아배 앞에 그 어린 아들 앞에 아배 앞에는 왕사발에 아들 앞에는 새끼사발에 그득히 사리워 오는 것이다
 이것은 그 곰의 잔등에 업혀서 길러 났다는 먼 옛적 큰마니가
 또 그 집등새기에 서서 재채기를 하면 산넘엣 마을까지 들렸다는
 먼 옛적 큰 아바지가 오는 것같이 오는 것이다
 아, 이 반가운 것은 무엇인가
 이 히수무레하고 부드럽고 수수하고 슴슴한 것은 무엇인가
 겨울밤 쩡하니 익은 동치미국을 좋아하고 얼얼한 댕추가루를 좋아하고 싱싱한 산꿩의 고기를 좋아하고
 그리고 담배 내음새 탄수 내음새 또 수육을 삶는 육수국 내음새 자욱한 더북한 삿방 쩔쩔 끓는 아르궅*을 좋아하는 이것은 무엇인가

이 조용한 마을과 이 마을의 의젓한 사람들과 살뜰하니 친한 것은 무엇인가
　이 그지없이 고담枯淡하고 소박한 것은 무엇인가

*) 은댕이 : 산비탈에 턱이져 평평한 곳
*) 예데가리밭 : 어래 묵은 비탈밭
*) 산멍에 : 산무애뱀
*) 아르굴 : 아랫목

연자간

달빛도 거지도 도적개도 모두—즐겁다
풍구재도 얼럭소도 쇠드랑볕도 모두 즐겁다

도적괭이 새끼락이 나고
살진 족제비 트는 기지개 길고

홰냥닭은 알을 낳고 소리치고
강아지는 겨를 먹고 오줌 싸고

개들은 게모이고 쌈짓거리하고
놓여난 도야지 둥구잡혀 오고

송아지 잘도 놀고
까치 보해 짖고

신행길 말이 울고 가고
장돌림 당나귀도 울고 가고

대들보 위에 베틀도 차일도 토리개도 모두들 편안하니
구석구석 후치도 보습도 쇠스랑도 모두들 편안하니

적경寂境

신 살구를 잘도 먹더니 눈 오는 아침
나어린 아내는 첫아들을 낳았다

인가 멀은 산중에
까치는 배나무에서 짖는다

컴컴한 부엌에서는 늙은 홀아비의 시아버지가 미역국을 끓인다
그 마을의 외따른 집에서도 산국을 끓인다

고야古夜

　아배는 타관 가서 오지 않고 산비탈 외따른 집에 엄매와 나와 단둘이서 누가 죽이는 듯이 무서운 밤 집 뒤로는 어느 산골짜기에서 소를 잡아먹는 노나리꾼들이 도적놈들같이 쿵쿵거리며 다닌다

　날기 명석을 져 간다는 닭 보는 할미를 차 굴린다는 땅 아래 고래 같은 기와집에는 언제나 니차떡에 청밀에 은금보화가 그득하다는 외발 가진 조마구 뒷산 어느메도 조마구* 네 나라가 있어서 오줌 누러 깨는 재밤 머리맡의 문살에 대인 유리창으로 조마구 군병의 새까만 대가리 새까만 눈알이 들여다보는 때 나는 이불 속에 자지러붙어 숨도 쉬지 못한다

　또 이러한 밤 같은 때 시집갈 처녀 막내고모가 고개 너머 큰집으로 치장감을 가지고 와서 엄매와 둘이 소기름에 쌍심지의 불을 밝히고 밤이 들도록 바느질을 하는 밤 같은 때 나는 아랫목의 삿귀를 들고 쇠든 밤을 내여 다람쥐처럼 밝아먹고 은행 여름을 인둣불에 구워도 먹고 그러다는 이불 위에서 광대넘이를 뒤이고 또 누워 굴면서 엄매에게 윗목에 두른 평풍의 새빨간 천도의 이야기를 듣기도 하고 고모더러는 밝는 날 멀리는 못 난다는 메추라기를 잡아 달라고 조르기도 하고

내일같이 명절날인 밤은 부엌에 째듯하니 불이 밝고 솥뚜껑이 놀으며 구수한 내음새 곰국이 무르끓고 방안에서는 일갓집 할머니가 와서 마을의 소문을 펴며 조개송편에 달송편에 쥐두기송편에 떡을 빚는 곁에서 나는 밤소 팥소 설탕 든 콩가루소를 먹으며 설탕 든 콩가루소가 가장 맛있다고 생각한다
　나는 얼마나 반죽을 주무르며 흰가루 손이 되여 떡을 빚고 싶은지 모른다

　섣달에 납일날이 들어서 납일날 밤에 눈이 오면 이 밤엔 쌔하얀 할미귀신의 눈귀신도 납일눈을 받노라 못 난다는 말을 든든히 여기며 엄매와 나는 앙궁 위에 떡돌 위에 곱새담 위에 함지에 버치며 대양풀을 놓고 치성이나 드리듯이 정한 마음으로 납일눈 약눈을 받는다
　이 눈세기물*을 납일물이라고 제주병에 진상항아리에 채워두고는 해를 묵여가며 고뿔이 와도 배앓이를 해도 갑피기를 앓어도 먹을 물이다

　*) 조마구 : 키 작은 귀신
　*) 눈세기 물 : 눈이 녹은 물

3

절간의 소 이야기

병이 들면 풀밭으로 가서 풀을 뜯는 소는 인간보다 영靈해서 열 걸음 안에 제 병을 낫게 할 약이 있는 줄을 안다고

수양산首陽山의 어느 오래된 절에서 칠십이 넘은 노장은 이런 이야기를 하며 치맛자락의 산나물을 추었다

북신
— 서행시초西行詩抄 2

거리에는 메밀 내가 났다
부처를 위한다는 정갈한 노친네의 내음새 같은 메밀 내가 났다

어쩐지 향산香山 부처님이 가까웁다는 거린데
국수집에는 농짝 같은 도야지를 잡아 걸고 국수에 치는 도야지 고기는 돗바늘 같은 털이 드믄드믄 백였다
나는 이 털도 안 뽑은 도야지 고기를 물끄러미 바라보며
또 털도 안 뽑은 고기를 시꺼먼 맨메밀국수에 얹어서 한입에 꿀꺽 삼키는 사람들을 바라보며

나는 문득 가슴에 뜨끈한 것을 느끼며
소수림왕을 생각한다 광개토대왕을 생각한다

팔원八院
　　— 서행시초西行詩抄 3

차디찬 아침인데
묘향산행 승합자동차는 텅하니 비어서
나이 어린 계집 아이 하나가 오른다
옛말속같이 진진초록 새 저고리를 입고
손잔등이 밭고랑처럼 몹시도 터졌다
계집아이는 자성慈城으로 간다고 하는데
자성은 예서 삼백오십 리 묘향산 백오십 리
묘향산 어디메서 삼촌이 산다고 한다
쌔하얗게 얼은 자동차 유리창 밖에
내지인內地人 주재소장 같은 어른과 어린아이 둘이 내임을 낸다
계집아이는 운다 느끼며 운다
텅 비인 차안 한구석에서 어느 한 사람도 눈을 씻는다
계집아이는 몇 해고 내지인 주재소장 집에서
밥을 짓고 걸레를 치고 아이보개를 하면서
이렇게 추운 아침에도 손이 꽁꽁 얼어서
찬물에 걸레를 쳤을 것이다

추야일경 秋夜一景

닭이 두 홰나 울었는데
안방 큰방은 홰즛하니* 당등*을 하고
인간들은 모두 웅성웅성하니 깨여 있어서들
오가리며 섞박지를 썰고
생강에 파에 청각에 마눌을 다지고

시래기를 삶는 훈훈한 방안에는
양념 내음새가 싱싱도 하다

밖에는 어데서 물새가 우는데
토방에선 햇콩두부가 고요히 숨이 들어갔다

*) 홰즛하니 : 환하면서 쓸쓸하게.
*) 당등 : 밤새도록 켜놓은 등불.

내가 이렇게 외면하고

  내가 이렇게 외면하고 거리를 걸어가는 것은 잠풍 날씨가 너무나 좋은 탓이고
  가난한 동무가 새 구두를 신고 지나간 탓이고 언제나 꼭 같은
  넥타이를 매고 고운 사람을 사랑하는 탓이다

  내가 이렇게 외면하고 거리를 걸어가는 것은 또 내 많지 못한
  월급이 얼마나 고마운 탓이고
  이렇게 젊은 나이로 코밑수염도 길러보는 탓이고 그리고 어느 가난한 집 부엌으로 달재* 생선을 진장에 꼿꼿이 지진 것은 맛도 있다는 말이 자꾸 들려오는 탓이다

  *) 달재 : 달째. 달강어. 쑥지과에 속하는 바닷물고기. 몸길이 30Cm 가량으로 가늘고 길며, 머리가 모나고 가시가 많음.

외갓집

내가 언제나 무서운 외갓집은

초저녁이면 안팎마당이 그득하니 하이얀 나비수염을 물은 보득지근한 복족재비들이 씨굴씨굴 모여서는 쨩쨩 쨩쨩 쇳스럽게 울어 대고

밤이면 무엇이 기왓골에 무릿돌을 던지고 뒤울안 배나무에 쩨듯하니 줄등을 헤어 달고 부뚜막의 큰 솥 작은 솥을 모조리 뽑아 놓고 재통*에 간 사람의 목덜미를 그냥그냥 내리 눌러선 잿다리 아래로 처박고

그리고 새벽녘이면 고방 시렁에 채곡채곡 얹어둔 모랭이 목판 시루며 함지가 땅바닥에 넘너른히 널리는 집이다

*) 재통 : 뒷간. 변소.

고방

　낡은 질동이에는 갈 줄 모르는 늙은 집난이같이 송기떡이 오래도록 남아 있었다

　오지항아리에는 삼촌이 밥보다 좋아하는 찹쌀탁주가 있어서 삼촌의 입내를 내어가며 나와 사춘은 시큼털털한 술을 잘도 채어 먹었다

　제삿날이면 귀머거리 할아버지 가에서 왕밤을 밝고 싸리 꼬치에 두부산적을 꿰었다

　손자 아이들이 파리 떼같이 모이면 곰의 발 같은 손을 언제나 내둘렀다

　구석의 나무 말쿠지*에 할아버지가 삼는 소신 같은 짚신이 둑둑이 걸리어도 있었다

　옛말이 사는 컴컴한 고방의 쌀독 뒤에서 나는 저녁 끼때에 부르는 소리를 듣고도 못 들은 척하였다

　*) 말쿠지 : 옷 따위를 걸기 위해 벽에 박은 못.

칠월七月 백중

마을에서는 세벌 김을 다 매고 들에서
개장취념*을 서너 번 하고 나면
백중 좋은 날이 슬그머니 오는데
백중날에는 새악시들이
생모시치마 천진포치마의 물팩치기* 껑추렁한 치마에
소주포적삼 항라적삼의 자지고름이 기드렁한 적삼에
한끝나게 상 나들이옷을 있는 대로 다 내 입고
머리는 다리를 서너 켤레씩 들여서
시뻘건 꼬둘채 댕기를 삐뚜룩하니 해 꽂고
네날백이 따배기신을 맨발에 바꿔 신고
고개를 몇이라도 넘어서 약물터로 가는데
무썩무썩 더운 날에도 벌길에는
건들건들 씨연한 바람이 불어오고
허리에 찬 남갑사 주머니에는 오랜만에 돈푼이 들어 즈벅이고
광지보에서 나온 은장도에 바늘집에 원앙에 바둑에
번들번들하는 노리개는 스르럭스르럭 소리가 나고
고개를 몇이라도 넘어서 약물터로 오면
약물터엔 사람들이 백재일치듯 하였는데
본가집에서 온 사람들도 만나 반가워하고

깨죽이며 문추며 섶자락 앞에 송기떡을 사서 권하거니
먹거니 하고
그러다는 백중 물을 내는 소나기를 함뿍 맞고
호주를 하니 젖어서 달아나는데
이번에는 꿈에도 못 잊는 본가집에 가는 것이다
본가집을 가면서도 칠월 그믐 초가을을 할 때까지
평안하니 집살이를 할 것을 생각하고
애끼는 옷을 다 적시어도 비는 시원만 하다고 생각한다

*) 개장취념 : 각자가 얼마씩 돈을 내어 개장국을 끓여 먹는 것.
*) 물팩치기 : 무릎까지 오는.

오금덩이라는 곳

어스름 저녁 국수당 돌각담의 시무나무가지에 여귀厲鬼*의 탱을 걸고 나물 메 갖추어 놓고 비난수를 하는 젊은 새악시들
—잘 먹고 가라 서리서리 물러가라 네 소원 풀었으니 다시 침노 말아라

벌개늪역에서 바리깨를 뚜드리는 쇳소리가 나면
누가 눈을 앓어서 부증이 나서 찰거머리를 부르는 것이다
마을에서는 피 성한 눈숡*에 저린 팔다리에 거머리를 붙인다

여우가 우는 밤이면
잠 없는 노친네들은 일어나 팥을 깔이며* 방뇨를 한다
여우가 주둥이를 향하고 우는 집에서는 다음날 으레이 흉사가 있다는 것은 얼마나 무서운 말인가

*) 여귀厲鬼 : 제사를 받지 못하는 귀신, 돌림병으로 죽은 사람의 귀신.
*) 피 성한 눈숡 : 핏발이 선 눈시울.
*) 팥을 깔이며 : 널어둔 팥을 고무래로 쓸어모으거나 펴는 것으로 이를 오줌 누는 소리에 비유함.

동뇨부 童尿賦

봄철날 한종일내 노곤하니 벌불 장난을 한 날 밤이면 으레히 싸개동당*을 지나는데 잘망하니 누워 싸는 오줌이 넓적다리를 흐르는 따끈따끈한 맛 자리에 펑하니 고이는 척척한 맛

첫여름 이른 저녁을 해치우고 인간들이 모두 터 앞에 나와서 물외 포기에 당콩 포기에 오줌을 주는 때 터 앞에 밭마당에 샛길에 떠도는 오줌의 매캐한 재릿한 내음새

긴긴 겨울밤 인간들이 모두 한잠이 들은 재밤중에 나 혼자 일어나서 머리맡 쥐발 같은 새끼 요강에 한없이 누는 잘 마렵던 오줌의 사르릉 쪼로록 하는 소리

그리고 또 엄매의 말엔 내가 아직 굳은 밥을 모르던 때 살갗 퍼런 막내고모가 잘도 받아 세수를 하였다는 내 오줌빛은 이슬같이 샛말갛기도 샛맑았다는 것이다

*) 싸개동당 : 아이가 자면서 오줌똥을 가리지 못하고 자리를 질천하게 만들어 놓는 일.

북관

  명태 창난젓에 고추무거리에 막칼질한 무이를 비벼 익힌 것을
  이 투박한 북관을 한없이 끼밀고 있노라면
  쓸쓸하니 무릎은 꿇어진다

  시큼한 배척한 퀴퀴한 이 내음새 속에
  나는 가느슥히 여진女眞의 살내음새를 맡는다

  얼근한 비릿한 구릿한 이 맛 속에선
  까마득히 신라 백성의 향수도 맛본다.

4

고향

나는 북관北關에 혼자 앓아누워서
어늬 아츰 의원을 뵈이었다
의원은 여래如來 같은 상을 하고 관공關公의 수염을 드리워서
먼 옛적 어느 나라 신선 같은데
새끼손톱 길게 돋은 손을 내어
묵묵하니 한참 맥을 짚더니
문득 물어 고향이 어데냐 한다
평안도 정주定州라는 곳이라 한즉
그러면 아무개 씨 고향이란다
그러면 아무개 씰 아느냐 한즉
의원은 빙긋이 웃음을 띠고
막역지간이라며 수염을 쓴다
나는 아버지로 섬기는 이라 한즉
의원은 또 다시 넌지시 웃고
말없이 팔을 잡어 맥을 보는데
손길은 따스하고 부드러워
고향도 아버지도 아버지의 친구도 다 있었다

성외城外

어두어오는 성문 밖의 거리
도야지를 몰고 가는 사람이 있다

엿방 앞에 엿궤가 없다

양철통을 쩔렁거리며 달구지는 거리 끝에서 강원도로 간다는 길로 든다

술집 문창에 그느슥한 그림자는 머리를 얹혔다

적막강산

오이밭에는 벌배채* 통이 지는 때는
산에 오면 산 소리
벌로 오면 벌 소리

산에 오면
큰솔밭에 뻐꾸기 소리
잔솔밭에 덜거기* 소리

벌로 오면
논두렁에 물닭의 소리
갈밭에 갈새 소리

산으로 오면 산이 들썩 산 소리 속에 나 홀로
벌로 오면 벌이 들썩 벌 소리 속에 나 홀로

정주定州 동림東林 구십여 리 하루 길에
산에 오면 산 소리 벌에 오면 벌 소리
적막강산에 나는 있노라

*) 벌배채 : 들 배추, 야생 배추의 방언.
*) 덜거기 : 수꿩의 방언.

정주성定州城

산턱 원두막은 비었나 불빛이 외롭다
헝겊심지에 아주까리기름의 쪼는 소리가 들리는 듯하다

잠자리 조을던 무너진 성터
반딧불이 난다 파란 혼魂들 같다
어데서 말 있는 듯이* 커다란 산새 한 마리 어두운 골짜기로 난다

헐리다 남은 성문이
하늘빛같이 훤하다
날이 밝으면 또 메기수염의 늙은이가 청배를 팔러 올 것이다

*) 말 있는 듯이 : 사람의 말소리가 들리는 듯이

통영統營

옛날엔 통제사統制使가 있었다는 낡은 항구의 처녀들에겐 옛날이 가지 않은 천희千姬라는 이름이 많다
미역오리같이 말라서 굴 껍질처럼 말없이 사랑하다 죽는다는
이 천희의 하나를 나는 어느 오랜 객주집의 생선가시가 있는 마루방에서 만났다
저문 유월의 바닷가에선 조개도 울 저녁 소라방등이 불그레한 마당에 김 냄새 나는 비가 나렸다

통영
— 남행시초南行詩抄 2

통영 장 낫대들었다*

갓 한 닢 쓰고 건시 한 접 사고 홍공단 단기 한 감 끊고
술 한 병 받아 들고

화륜선 만져보려 선창 갔다

오다 가수내 들어가는 주막 앞에
문둥이 품바타령 듣다가

열이레 달이 올라서
나룻배 타고 판데목 지나간다 간다

—서병직徐丙織씨에게—

*) 낫대들었다 : 내달아 들어갔다.

삼천포三千浦
─ 남행시초南行詩抄 4

졸레졸레 도야지 새끼들이 간다
귀밑이 재릿재릿하니 볕이 담복 따사로운 거리다

잿더미에 까치 오르고 아이 오르고 아지랑이 오르고

해바라기 하기 좋을 볏곡간 마당에
볏짚같이 누우런 사람들이 물러서서
어느 눈 오신 날 눈을 치고 생긴 듯한 말다툼소리도 누우러니

소는 기르매 지고 조은다

아 모두들 따사로이 가난하니

멧새 소리

처마 끝에 명태를 말린다
명태는 꽁꽁 얼었다
명태는 길다랗고 파리한 물고긴데
꼬리에 길다란 고드름이 달렸다
해는 저물고 날은 다 가고 별은 서러웁게 차갑다
나도 길다랗고 파리한 명태다
문턱에 꽁꽁 얼어서
가슴에 길다란 고드름이 달렸다

머루밤

불을 끈 방안에 횃대의 하이얀 옷이 멀리 추울 것같이

개방위方位*로 말방울 소리가 들려온다

문을 연다 머루빛 밤하늘에
송이버섯의 내음새가 났다

*) 개방위 : 술방戌方. 24방위의 하나. 정서正西에서 북쪽을 중심
   으로 한 15도 각도 안의 방향이다.

청시靑柿

별 많은 밤
하늬바람이 불어서
푸른 감이 떨어진다 개가 짖는다

쓸쓸한 길

거적장사* 하나 산 뒷옆 비탈을 오른다
아— 따르는 사람도 없이 쓸쓸한 쓸쓸한 길이다
산가마귀만 울며 날고
도적갠가 개 하나 어정어정 따라간다
이스라치전이 드나 머루전이 드나
수리취 땅버들의 하이얀 복이 서러웁다
뜨물같이 흐린 날 동풍이 설렌다

*) 거적장사 : 널을 쓰지 않고 거적으로 송장을 싸서 지내는 장사.

5

비

아카시아들이 언제 흰 두레방석을 깔았나
어데서 물쿤 개비린내가 온다

산비

산뽕잎에 빗방울이 친다
멧비둘기가 난다
나무등걸에서 자벌기가 고개를 들었다 멧비들기켠을 본다

절망

북관北關에 계집은 튼튼하다
북관에 계집은 아름답다
아름답고 튼튼한 계집은 있어서
흰 저고리에 붉은 길동을 달아
검정치마에 받쳐 입은 것은
나의 꼭 하나 즐거운 꿈이었더니
어느 아침 계집은
머리에 무거운 동이를 이고
손에 어린것의 손을 끌고
가펴러운 언덕길을
숨이 차서 올라갔다
나는 한종일 서러웠다

수라 修羅*

  거미 새끼 하나 방바닥에 내린 것을 나는 아무 생각 없이 문밖으로 쓸어버린다
  차디찬 밤이다

  언제인가 새끼거미 쓸려나간 곳에 큰 거미가 왔다
  나는 가슴이 짜릿한다
  나는 또 큰 거미를 쓸어 문밖으로 버리며
  찬 밖이라도 새끼 있는 데로 가라고 하며 서러워한다

  이렇게 해서 아린 가슴이 삭기도 전이다
  어데서 좁쌀알만 한 알에서 가제* 깨인 듯한 발이 채 서지도 못한 무척 작은 새끼 거미가 이번엔 큰 거미 없어진 곳으로 와서 아물거린다
  나는 가슴이 메이는 듯하다
  내 손에 오르기라도 하라고 나는 손을 내어미나 분명히 울고불고할 이 작은 것은 나를 무서우이 달아나 버리며 나를 서럽게 한다
  나는 이 작은 것을 고이 보드라운 종이에 받아 또 문밖으로 버리며

이것의 엄마와 누나나 형이 가까이 이것의 걱정을 하며 있다가 쉬이 만나거나 했으면 좋으련만 하고 슬퍼한다

*) 수라 : 싸움을 일삼는 무서운 귀신.
*) 가제 : 방금. 막.

목구木具

　오대五代나 내린다는 크나큰 집 다 찌그러진 들지고방 어둑시근한 구석에서 쌀독과 말쿠지와 숫돌과 신둑과 그리고 옛적과 또 열두 제석님과 친하니 살으면서

　한 해에 몇 번 매연 지난 먼 조상들의 최방등 제사에는 컴컴한 고방 구석을 나와서 대멀머리에 오얏망건을 지르터맨 늙은 제관의 손에 정갈히 몸을 씻고 교의 위에 모신 신주 앞에 환한 촛불 밑에 피나무 소담한 제상 위에 떡 보탕 식혜 산적 나물 지짐 반봉 과일들을 공손하니 받들고 먼 후손들의 공경스러운 절과 잔을 굽어보고 또 애끊는 통곡과 축을 귀에하고 그리고 합문 뒤에는 흠향 오는 귀신들과 호호히 접하는 것

　귀신과 사람과 넋과 목숨과 있는 것과 없는 것과 한 줌 흙과 한 점 살과 먼 옛 조상과 먼 훗자손의 거룩한 아득한 슬픔을 담는 것

내 손자의 손자와 손자와 나와 할아버지와 할아버지의 할아버지와 할아버지의 할아버지의 할아버지와……수원 백씨水原白氏 정주 백촌定州白村의 힘세고 꿋꿋하나 어질고 정 많은 호랑이 같은 곰 같은 소 같은 피의 비 같은 밤 같은 달 같은 슬픔을 담는 것 아 슬픔을 담는 것

석양

거리는 장날이다
장날거리에 영감들이 지나간다
영감들은
말상을 하였다 범상을 하였다 족제비상을 하였다
개발코를 하였다 안장코를 하였다 질병코를 하였다
그 코에 모두 학실*을 썼다
돌체돋보기다 대모체돋보기다 로이드돋보기다
영감들은 유리창 같은 눈을 번득거리며
투박한 북관北關말을 떠들어대며
쇠리쇠리한 저녁해 속에
사나운 즘생같이들 사라졌다

*) 학실 : 돋보기.

바다

바닷가에 왔더니
바다와 같이 당신이 생각만 나는구려
바다와 같이 당신을 사랑하고만 싶구려

구붓하고 모래톱을 오르면
당신이 앞선 것만 같구려
당신이 뒤선 것만 같구려

그리고 지중지중 물가를 거닐면
당신이 이야기를 하는 것만 같구려
당신이 이야기를 끊는 것만 같구려

바닷가는
개지꽃*에 개지 아니 나오고
고기비늘에 하이얀 햇볕만 쇠리쇠리하여*
어쩐지 쓸쓸만 하구려 섧기만 하구려

*) 개지꽃 : 나팔꽃의 방언
*) 쇠리쇠리하여 : 눈이 부셔. 눈이 시려

산지 山地

갈부던* 같은 약수터의 산 거리
여인숙이 다래나무 지팡이와 같이 많다

시냇물이 버러지 소리를 하며 흐르고
대낮이라도 산 옆에서는
승냥이가 개울물 흐르듯 운다

소와 말은 도로 산으로 돌아갔다
염소만이 아직 된비가 오면 산개울에 놓인 다리를 건너 인가 근처로 뛰어온다

벼랑턱의 어두운 그늘에 아침이면
부엉이가 무거웁게 날아온다
낮이 되면 더 무거웁게 날아가 버린다

산 너머 십오+五 리里서 나무뒝치 차고 싸리신 신고 산비에
축축이 젖어서 약물을 받으러 오는 산 아이도 있다

아비가 앓는가 부다
다래 먹고 앓는가 부다

아랫마을에서는 아기 무당이 작두를 타며 굿을 하는 때가 많다

*) 갈부던 : 갈부전. 갈잎으로 만든 부전. 부전은 색 헝겊을 알록달록하게 맞대어 만든 여자아이들의 노리개.

추일산조秋日山朝

아침볕에 섶구슬이 한가로이 익는 골짝에서 꿩은 울어 산울림과 장난을 한다

산마루를 탄 사람들은 새꾼*들인가
파란 하늘에 떨어질 것같이
웃음소리가 더러 산 밑까지 들린다

순례巡禮 중이 산을 올라간다
어젯밤은 이 산 절에 재齋가 들었다

무리돌*이 굴러나리는 건 중의 발꿈치에선가

*) 새꾼 : 나무꾼
*) 무리돌 : 많은 돌

백화 白樺

산골집은 대들보도 기둥도 문살도 자작나무다
밤이면 캥캥 여우가 우는 산도 자작나무다
그 맛있는 메밀국수를 삶는 장작도 자작나무다
그리고 감로같이 단샘이 솟는 박우물도 자작나무다
산 너머는 평안도 땅도 보인다는 이 산골은 온통 자작나무다

백 석	
	연 보

1912(1세) 7월 1일 평안북도 정주군 갈산면 익성동에서 출생. 본명 백기행白夔行.

1918(6세) 오산소학교 입학.

1924(12세) 오산소학교를 졸업하고 오산고등보통학교에 입학. 재학 중에 선배 김소월을 선망했으며 문학과 불교에 깊은 관심을 가짐.

1929(17세) 3월 오산고등보통학교 졸업.

1930(18세) 1월 『조선일보』 신춘문예에 「그 모母와 아들」로 당선. 3월에 조선일보사 장학금으로 일본 동경 아오야마학원 영어사범과에 입학.

1934(22세) 3월 아오야마[靑山] 학원대학 졸업, 귀국 후 조선일보 『여성』지 편집을 맡음.

1935(23세) 6월 친구 허준의 결혼식 피로연에서 박경련을 만남.
7월 「마을의 유화」, 8월에 「닭을 채인 이야기」 등 소설 형식의 글을 발표,
8월 시 「정주성」 발표하여 시인으로 등단.

1936(24세) 1월 20일, 시집 『사슴』 출판.
3월에 조선일보를 사직하고 함흥 영생고등보통학교 영어교사로 부임. 조선 권번 출신 기생 김진향을 만나 '자야子夜'라는 아호를 지어줌.

1937 (25세) 고향에서 혼례식을 치렀으나 다시 함흥의 자야에게 돌아옴. 자야는 혼자 서울로 떠남.

1938 (26세) 12월 영생고보 교사직 사임하고 서울로 와서 자야를 만남.

1939 (27세) 1월 26일부로 조선일보에 재입사하고 10월 21일에 다시 사임.

1940 (28세) 1월경에 만주의 신쩡[新京]으로 감.

1945 (33세) 해방 이후 신의주를 거쳐 고향으로 돌아옴.

1946 (34세) 고당 조만식 선생의 요청으로 평양으로 가 선생의 통역비서로 일함.

1947 (35세) 10월 문학예술총동맹 제4차 중앙위원회의에 참여.

1949 (37세) 9월 솔로호프의 『고요한 돈 강』을 번역하여 출간.

1954 (42세) 중국 길림성에서 러시아의 시인 『이사코프스키 시선집』 번역하여 출간.

1956 (44세) 5월에 「동화문학의 발전을 위하여」라는 산문을 발표한 이후 아동문학에 대한 관심을 적극 표명.

1957 (45세) 4월 동화집 『집게네 네 형제』 출판.

1958(46세) 8월 「사회주의적 도덕에 대한 단상」을 발표, 북한의 이데올로기적 노선과 어긋나 비판 받음.

1959(47세) 1월 양강도 삼수군 관평리에 있는 국영협동조합으로 내려가 농사짓는 일을 함. 그동안 거의 발표하지 않았던 시를 쓰기 시작함. 시 「이른 봄」 등 7편을 발표.

1962(50세) 10월 북한의 문화계 전반에 내려진 복고주의에 대한 비판과 연관되어 창작활동 중단.

1995(83세) 1월 양강도 삼수군에서 사망한 것으로 밝혀짐.

〚한국대표명시선100〛을 펴내며

한국 현대시 100년의 금자탑은 장엄하다. 오랜 역사와 더불어 꽃피워온 얼·말·글의 새벽을 열었고 외세의 침략으로 역경과 수난 속에서도 모국어의 활화산은 더욱 불길을 뿜어 세계문학 속에 한국시의 참모습을 드러내게 되었다.

이 나라는 글의 나라였고 이 겨레는 시의 겨레였다. 글로 사직을 지키고 시로 살림하며 노래로 산과 물을 감싸왔다. 오늘 높아져 가는 겨레의 위상과 자존의 바탕에도 모국어의 위대한 용암이 들끓고 있음이다.

이제 우리는 이 땅의 시인들이 척박한 시대를 피땀으로 경작해온 풍성한 시의 수확을 먼 미래의 자손들에게까지 누리고 살 양식으로 공급하는 곳간을 여는 일에 나서야 할 때임을 깨닫고 서두르는 것이다.

일찍이 만해는 「님의 침묵」으로 빼앗긴 나라를 되찾고 잃어가는 민족정신을 일으켜 세우는 밑거름으로 삼았으며 그 기름의 뜻은 높은 뫼로 솟아오르고 너른 바다로 뻗어나가고 있다.

만해가 시를 최초로 활자화한 것은 옥중시 「무궁화를 심고자」(《개벽》 27호 1922. 9)였다. 만해사상실천선양회는 그 아흔 돌을 맞아 만해의 시정신을 기리는 일의 하나로 '한국대표명시선100'을 펴내게 된 것이다.

이로써 시인들은 더욱 붓을 가다듬어 후세에 길이 남을 명편들을 낳는 일에 나서게 될 것이고, 이 겨레는 이 크나큰 모국어의 축복을 길이 가슴에 새겨나갈 것이다.

만해사상실천선양회

한국대표명시선100 | 백 석

나타샤와 흰당나귀

1판1쇄 발행　2013년 7월 25일
1판4쇄 발행　2018년 6월 25일

지 은 이　백 석
뽑 은 이　만해사상실천선양회
펴 낸 이　이 창 섭
펴 낸 곳　시인생각
등 록 번 호　제2012-000007호(2012.7.6)
주　　　소　경기도 고양시 일산동구 호수로 688. A-419호
　　　　　　㉾410-905
전　　　화　070-7653-5222 / 050-5552-2222
팩　　　스　(031)812-5121
이 메 일　lkb4000@hanmail.net

값 6,000원

ⓒ 백석, 2013

ISBN　978-89-98047-72-6-0　03810

* 이 책의 저작권은 저자와 시인생각에 있습니다.
* 잘못된 책은 책을 구입하신 서점에서 교환하여 드립니다.

※ 이 책은 만해사상실천선양회의 지원으로 간행되었습니다.